OBLIGATIONS

IMPOSÉES PAR LA LOI

AUX RÉSERVISTES

ET TERRITORIAUX

PARIS	LIMOGES
11, Place St-André-des Arts.	Nouvelle route d'Aixe, 16.

IMPRIMERIE, LIBRAIRIE ET PAPETERIE MILITAIRES

Henri CHARLES-LAVAUZELLE, Editeur

1886

OBLIGATIONS
IMPOSÉES PAR LA LOI

AUX
RÉSERVISTES ET TERRITORIAUX

CHAPITRE I

Dispositions générales.

1. *Du service militaire.* — Tout Français valide doit le service militaire pendant 20 ans; ce service est divisé comme il suit : armée active, 5 ans; réserve de l'armée active, 4 ans; armée territoriale, 5 ans, et réserve de l'armée territoriale, 6 ans.

Les militaires de l'armée active ne sont pas tous astreints à rester cinq ans sous les drapeaux; tels sont : les engagés conditionnels, les hommes de la 2e portion du contingent, les hommes renvoyés dans leurs foyers après incorporation, par décisions spéciales du Ministre de la guerre, les hommes qui ont été ajournés et enfin les dispensés du service actif en vertu des articles 17 et 22 de la loi du 27 juillet 1872 sur le recrutement; ces hommes forment deux nouvelles catégories sous les noms de : *Disponibilité* et *Hommes à la disposition de l'autorité militaire.*

2. *Disponibilité*. — La disponibilité est la position de l'homme qui, n'ayant point accompli en entier les cinq années de service actif, n'est pas encore dans la réserve de l'armée active.

Se trouvent dans cette catégorie : 1º jusqu'à leur passage dans la réserve, les engagés conditionnels et assimilés qui ont été renvoyés dans leurs foyers; 2º les hommes dispensés du service actif et maintenus ou renvoyés dans leurs foyers en vertu des dispositions finales de l'article 17 de la loi du 27 juillet précitée; 3º les hommes de la 2e portion non maintenus sous les drapeaux; 4º les élèves des Ecoles polytechnique et forestière qui, ayant satisfait aux examens de sortie, ne sont pas entrés dans un des services de l'armée active; 5º les hommes envoyés en congé en attendant l'époque de leur passage dans la réserve : ils forment une catégorie à part, sont considérés comme réservistes et affectés à un des corps de l'armée active au même titre que les réservistes.

3. *Hommes à la disposition*. — Sont compris dans la catégorie des hommes à la disposition de l'autorité militaire, les hommes qui, ayant été reconnus valides pour le service actif, ont été, pour une cause quelconque, laissés dans leurs foyers. Tels sont : les jeunes gens des classes non appelés depuis le 1er juillet de l'année du tirage au sort jusqu'au jour de l'appel; les engagés conditionnels d'un an, assimilés et autres qui ont obtenu des sursis de départ; les hommes qui ont été laissés dans leurs foyers en vertu de décisions ministérielles spéciales; les dispensés comme soutiens de famille

(fils aînés de veuves, aînés d'orphelins, frère au service ou mort sous les drapeaux).

4. *Services auxiliaires.* — Sont classés dans ces services, les hommes qui, n'ayant pas été reconnus propres au service armé, sont cependant jugés susceptibles d'être utilisés dans les services auxiliaires de l'armée.

5. *Réserve de l'armée active.* — La réserve de l'armée active est formée par les hommes qui ont passé 5 ans dans une des catégories ci-après : 1° sous les drapeaux ; 2° dans la disponibilité ; 3° à la disposition de l'autorité militaire ; 4° dans les services auxiliaires.

6. *Armée territoriale.* — L'armée territoriale est composée : 1° des hommes de toutes catégories ayant accompli 4 années de service dans la réserve de l'armée active ; 2° des hommes de la disponibilité et de la réserve de l'armée active devenus pères de quatre enfants.

7. *Réserve de l'armée territoriale.* — Cette catégorie est formée : 1° des hommes qui ont accompli 5 ans de service dans l'armée territoriale ; 2° des hommes de l'armée de mer qui ont accompli 4 ans de service dans la réserve de l'armée active.

8. *Non-disponibles.* — On appelle non-disponibles les militaires appartenant aux diverses catégories de la disponibilité, de la réserve et de l'armée territoriale qui sont employés dans des établissements ou services de l'Etat, chemins de fer, administrations ou services publics ; en cas de mobilisation, ils ne sont appelés que sur un ordre spécial du Ministre de la guerre.

Les non-disponibles reçoivent en échange de leur livret individuel un certificat constatant leur position. Ils sont à la disposition du Ministre de la guerre et, en cas de mobilisation, soumis aux lois et règlements qui régissent l'armée.

En temps de paix, ils sont dispensés des exercices et manœuvres; ils ne sont pas astreints à effectuer les déclarations de changement de domicile et de résidence, tant qu'ils sont classés non-disponibles.

9. *Classe de recrutement et de mobilisation.* — Il y a deux sortes de classes : 1° la classe de recrutement; 2° la classe de mobilisation.

La classe de recrutement est celle à laquelle on appartient par la date de sa naissance ou de son tirage au sort.

L'homme né en 1865, qui a tiré au sort en 1886, appartient à la classe de recrutement de 1885.

La classe de mobilisation est celle à laquelle l'homme appartient par ses services; il en suit le sort tant pour les appels que pour une mobilisation.

L'homme né en 1864, qui a contracté un engagement volontaire en 1882, fait partie, par son âge, de la classe de recrutement de 1884; mais, à cause de son engagement, il appartient aussi à la classe de mobilisation de 1881.

Cette classe comprend tous les hommes dont le service militaire a commencé ou est censé avoir commencé la même année. Pour la connaître, il suffit de diminuer d'une unité le millésime de l'année pendant laquelle l'homme a été incorporé.

10. *Discipline.* — Les hommes renvoyés ou laissés dans leurs foyers sont, dans certains cas et à quelque catégorie qu'ils appartiennent, soumis à la discipline militaire.

Ils ne peuvent jamais, en dehors des convocations, se revêtir d'effets militaires. Toute infraction à cette règle les rend passibles de prison. Les hommes non revêtus d'effets bourgeois qui ne s'éloignent pas d'un rassemblement tumultueux sont passibles de punitions ; ceux qui s'y trouvent en armes ou revêtus d'un effet d'uniforme et qui n'obtempèrent pas aux ordres de l'autorité militaire ou civile sont considérés comme en état de rébellion et traduits devant un conseil de guerre.

Les hommes de toutes catégories, revêtus d'effets d'uniforme, sont soumis aux règles militaires ; ils doivent, en toute circonstance, même hors du service, de la déférence et du respect à leurs supérieurs et sont tenus de se conformer à toutes les prescriptions sur les marques extérieures de respect.

Ceux qui, étant dans leurs foyers, qu'ils soient ou non revêtus d'effets d'uniforme, outragent un de leurs supérieurs, à l'occasion des faits se rattachant au service, sont traduits devant les tribunaux.

Le 20 mars 1883, une peine de huit ans de travaux publics a été prononcée par le 2ᵉ conseil de guerre de Paris contre un réserviste qui, après être rentré dans ses foyers, avait outragé par paroles, gestes et menaces, un maréchal des logis de son régiment.

Les réservistes et territoriaux sont justiciables des tribunaux ordinaires ou des tribunaux militaires, suivant la nature des fautes, crimes ou délits qu'ils commettent.

11. *Demandes, réclamations.* — Les hommes appartenant aux diverses classes de la réserve

et de l'armée territoriale, maintenus ou envoyés dans leurs foyers, doivent se conformer aux règles suivantes, dans leurs rapports avec l'autorité militaire;

Les hommes domiciliés dans une subdivision de région transmettent les demandes qu'ils auraient à adresser à l'autorité militaire, au général commandant la subdivision, par l'intermédiaire du commandant de la gendarmerie, qui les fait parvenir au commandant du bureau de recrutement.

Les demandes qui sont adressées à l'autorité militaire, contrairement à ces règles, sont retournées à l'intéressé avec une annotation faisant connaître l'autorité à laquelle il doit transmettre sa demande.

Quant aux hommes qui ont régulièrement changé de résidence, ils doivent adresser les demandes ayant trait aux objets ci-après :

A M. le général commandant la subdivision de région de leur domicile et non de leur résidence actuelle, par l'intermédiaire de la gendarmerie de leur résidence chargée de les adresser au commandant du bureau de recrutement de leur domicile qui instruit :

1° Renseignements relatifs à leur situation au point de vue des obligations du service militaire; réclamations diverses;

3° Dispense (à titre de soutien temporaire de famille, 6 p. 100) d'assister aux réunions d'exercices et manœuvres. Demande à remettre au commandant de la brigade de gendarmerie, accompagnée d'un avis du maire de la commune et d'un certificat modèle n° 5 *bis*.

A M. le général commandant la subdivision

de région de la résidence, par l'intermédiaire du commandant de la gendarmerie de cette résidence et du commandant de recrutement qui instruit :

1° Réforme pour cause de maladie ;

2° Autorisation d'accomplir l'année suivante la période d'instruction pour laquelle l'homme est convoqué (sursis) ;

3° Autorisation de faire la période d'instruction dans un corps de même arme de la région où l'homme est en résidence régulière (cette autorisation ne peut être accordée aux hommes affectés à des corps de troupes qui manœuvrent) ;

4° Devancement d'appel de l'homme appartenant à la classe qui doit être convoquée l'année suivante.

Les demandes formées par les hommes ayant changé de résidence sans faire les déclarations prescrites ne sont pas accueillies.

Les hommes domiciliés ou en résidence dans le département de la Seine adressent directement, par l'intermédiaire de la gendarmerie, toutes ces demandes à M. le Gouverneur militaire de Paris, 28, rue Cambon.

Comme on le voit, quelle que soit la nature des demandes et quelle que soit l'autorité à qui elles sont adressées, les hommes doivent toujours les remettre directement à la gendarmerie de laquelle relève la commune où ils ont leur domicile ou leur résidence.

Toute marche contraire ferait considérer la demande comme non avenue ; elle serait renvoyée à son auteur sans qu'il y soit donné suite.

12. *Punitions.* — Les hommes peuvent être punis par les commandants de recrutement et

par les généraux de brigade et de division exerçant le commandement territorial. Les punitions peuvent atteindre 30 jours de prison. Elles sont accomplies, soit dans les locaux disciplinaires des corps de troupe à proximité, soit dans les lieux de détention militaire, soit enfin dans les prisons civiles.

Les infractions qui pourraient amener le réserviste devant les tribunaux, si l'autorité militaire n'usait pas d'indulgence, sont :

L'omission de déclaration d'un changement de résidence ;

Le retard non justifié en cas de convocation pour des manœuvres, lorsqu'il n'amène pas le retardataire devant les tribunaux ;

Les infractions contre la discipline commises par des réservistes revêtus d'effets d'uniforme ;

Tout acte de désobéissance aux ordres légaux de l'autorité militaire, par exemple à l'ordre donné par voie d'affiches de déposer ou de retirer son livret à la gendarmerie ou à la mairie ;

La lacération, la perte par négligence, les grattages, surcharges et ratures volontaires du livret.

L'homme puni est prévenu par un ordre de punition qui lui est transmis ou déposé à son domicile ou à sa résidence par la gendarmerie un mois au moins avant celui où il doit se mettre en route. La gendarmerie dresse un procès-verbal de remise.

L'homme se rend librement au lieu et au jour indiqués sur l'ordre, pour subir sa punition. Cet ordre lui donne droit au transport à prix réduit sur les voies ferrées pour l'aller et le retour. Ceux qui n'obéissent pas à cet ordre sont conduits sous l'escorte de la gendarmerie.

13. *Réforme*. — Les hommes de la disponibilité, ceux dits à la disposition, ceux classés dans les services auxiliaires, les hommes de la réserve de l'armée active, de l'armée territoriale et de sa réserve qui deviennent impropres au service militaire doivent, *sans délai*, formuler une demande à l'effet d'être examinés par la commission spéciale de réforme ; ils peuvent y joindre un certificat médical visé par le maire de la commune habitée par le médecin. Ces deux pièces sont remises au commandant de la brigade de gendarmerie de la résidence pour être transmises au commandant de recrutement.

Cet officier supérieur fait connaître alors aux intéressés le jour, l'heure et le lieu où ils devront se rendre pour être visités par la commission spéciale de réforme.

Les hommes qui ont des infirmités ou des maladies ne doivent pas hésiter à se présenter devant la commission spéciale de réforme ; elle se réunit chaque mois au chef-lieu de la subdivision.

Ils ont un intérêt majeur à suivre ces prescriptions, car ceux qui n'auront pas fait valoir leurs droits avant l'ordre de mobilisation seront tenus *de rejoindre* et maintenus au corps.

14. *Mariage*. — Les hommes de la disponibilité de la réserve active et de l'armée territoriale et de sa réserve, ceux dits à la disposition, les ajournés, les dispensés, les soutiens de famille, les marins en congé renouvelable, les hommes en sursis d'appel, les engagés conditionnels en sursis de départ, les hommes

classés dans les services auxiliaires, ainsi que les militaires en congé en attendant leur passage dans la réserve, peuvent se marier sans l'autorisation de l'autorité militaire ; ils n'ont qu'à présenter leur livret individuel au maire de la commune où ils doivent contracter mariage ; mais ils sont prévenus que, dans aucun cas, le mariage ne peut donner droit à une exemption quelconque du service.

CHAPITRE II

Changements de domicile et de résidence.

1. *Renseignements généraux.* — Les hommes doivent se rendre un compte exact de la différence qui existe entre le changement de domicile et le changement de résidence.

Le premier (changement de domicile) implique l'abandon, sans esprit de retour, du lieu que l'on quitte pour se fixer définitivement dans celui que l'on vient habiter.

Le deuxième (changement de résidence) n'implique qu'une absence momentanée du lieu que l'on quitte avec l'intention d'y revenir dans un laps de temps indéterminé.

Tous les hommes soumis à la loi sur le recrutement, quelle que soit la catégorie à laquelle ils appartiennent, sont tenus, conformément à la loi du 18 novembre 1875, de faire les déclarations de changement de domicile, de résidence ou de déplacement pour voyager.

La non-déclaration de changement de domicile constitue une infraction prévue par la loi du 18 novembre 1875 ; elle peut rendre le délinquant passible d'une peine variant entre six jours et trois mois de prison et d'une amende de 16 à 200 francs, suivant que l'homme appartient à la disponibilité, à la réserve de l'armée active ou à l'armée territoriale.

Lorsque l'infraction ne constitue pas un délit ou lorsque l'autorité militaire croit devoir user d'indulgence, l'homme peut être puni disciplinairement; cette punition peut atteindre trente jours de prison.

En cas d'appel ou de manœuvres, les hommes des classes appelées qui font des déclarations de changement de domicile dans les quinze jours précédant la date de leur convocation, doivent rejoindre le corps pour lequel ils avaient été désignés précédemment et le changement d'affectation ne s'opère qu'après la période d'exercices.

Lorsque, en quittant le corps, l'homme ne se retire pas dans la subdivision dans laquelle il a tiré au sort, il effectue au lieu d'arrivée la déclaration prescrite par la loi, mais il n'est affecté qu'après six mois à un corps de la subdivision qu'il vient habiter; l'homme présente à cette date son livret individuel à la gendarmerie du lieu où il se fixe.

Toutefois, pendant ces six mois, l'homme n'est pas tenu de rester dans la même localité et peut changer de résidence.

Les hommes de l'armée de mer et les sous-officiers retraités doivent, s'ils se retirent dans une subdivision autre que celle d'origine, en effectuer la déclaration devant le conseil d'administration du corps avant leur départ.

2. *Changement de domicile. Formalités au départ et à l'arrivée.* — Tout homme qui quitte une localité pour aller se fixer dans une autre, sans esprit de retour, effectue un changement de domicile. Dans ce cas, il doit, avant de partir, faire à la mairie de la commune qu'il quitte une déclaration de changement de domicile ; il lui est délivré un récépissé qu'il présente, avec son livret individuel, au commandant de la brigade de gendarmerie, qui appose, séance tenante, son visa sur le livret.

Dès son arrivée dans la commune où il vient fixer son domicile, l'homme fait à la mairie une déclaration semblable à celle qu'il a effectuée à la mairie de la commune qu'il a quittée ; il lui en est délivré reçu. Il remplit ensuite, auprès du commandant de la brigade de gendarmerie du nouveau domicile, les mêmes formalités qu'il a remplies à son départ, mais le livret est alors conservé par le commandant de cette brigade qui l'adresse au commandant du bureau de recrutement et donne en échange à l'homme un récépissé du livret.

Si l'homme établit son domicile dans une localité où il se trouve déjà en résidence, il fait une déclaration à la mairie de son nouveau domicile et fait viser son livret à la gendarmerie comme il est dit ci-dessus ; il fait, en outre, par écrit, au maire de son ancien domicile, la déclaration de changement de domicile prescrite par la loi. Lorsqu'il se fixe dans une grande ville, il indique à la gendarmerie la rue et le numéro de la maison qu'il habite ; il l'informe également des changements d'adresse qu'il peut effectuer.

3. *Changement de résidence*. — L'homme quittant son domicile avec esprit de retour, pour aller se fixer momentanément dans une autre localité, opère une changement de résidence. Il doit, dans un délai de deux mois, en faire la déclaration au commandant de la brigade de gendarmerie dont fait partie sa nouvelle résidence. La gendarmerie appose le visa sur le livret individuel.

Toutes ces déclarations sont indifféremment verbales ou écrites.

Quand elles ont lieu de vive voix, le livret individuel est présenté à la gendarmerie, qui en donne récépissé au dos du certificat.

Lorsqu'une déclaration est faite par écrit, elle peut, sur la demande de l'intéressé, être adressée à la gendarmerie, accompagnée du livret individuel, par l'intermédiaire du maire de la commune, et être ensuite retournée par la même voie à l'homme, après inscription du récépissé. A cet effet, toute déclaration écrite qui doit être transmise de cette manière est déposée, avec le livret individuel de son auteur, à la mairie du point de départ (du domicile ou de la résidence) ou à celle de l'arrivée, selon qu'il s'agit d'un déplacement pour voyager ou d'un changement de résidence. Déclaration et livret sont toujours adressés à la gendarmerie par le maire dans les quarante-huit heures; ils sont renvoyés dans le même délai par la gendarmerie au magistrat municipal. Le livret revêtu du récépissé exigé est tenu à la disposition du titulaire à la mairie où il l'a déposé, à partir du sixième jour du dépôt, déduction faite des jours fériés. Il est bien entendu que cette marche n'est point obligatoire; on l'autorise pour offrir aux hommes un moyen de profiter des facilités que leur donne la loi dans cette circonstance, sans qu'il en résulte aucune dépense pour eux, mais ils peuvent toujours faire parvenir leur déclaration écrite et leur livret directement à la gendarmerie, et les recevoir de celle-ci de la même manière.

L'intermédiaire du maire est d'ailleurs tout facultatif pour ce magistrat, qui apprécie dans quelle mesure il doit prêter son concours à ceux de ses administrés qui préfèrent s'adresser à lui.

L'homme qui fixe sa résidence dans les départements de la Seine ou de Seine-et-Oise est tenu de remplir toutes les formalités prescrites ci-dessus; de plus, en se rendant à la gendarmerie de la Seine ou de Seine-et-Oise, il est invité à se présenter de nouveau dans un délai de quinze jours, pour recevoir un bulletin de notification qui lui fait connaître le point où il doit se rendre en cas de mobilisation, soit pour être compris dans un détachement, soit pour être dirigé isolément.

L'homme quittant le gouvernement de Paris, pour venir se fixer en province, est tenu, dès son arrivée, de remettre à la gendarmerie de son nouveau domicile le bulletin de notification mentionné plus haut.

L'homme qui fixe sa résidence à l'étranger ou aux colonies doit, avant de partir, en faire la déclaration à la mairie de sa résidence; dès son arrivée à l'étranger ou aux colonies, il fait la même déclaration aux agents consulaires ou à l'autorité militaire coloniale; ces autorités délivrent récépissé, après avoir apposé leur visa sur le livret individuel.

En rentrant en France, il est tenu de faire les mêmes déclarations.

Des punitions sévères sont infligées aux hommes qui ne se conforment pas à ces prescriptions.

4. *Déplacement pour voyager*. — Les hommes peuvent se déplacer pour voyager, s'absenter momentanément, sans pour cela changer ni de domicile ni de résidence ; la loi du 18 novembre 1875 leur impose l'obligation d'en faire la déclaration au commandant de la brigade de gendarmerie du lieu de départ ; il leur en est donné récépissé sur le livret individuel ; pour les absences de moins de deux mois, cette déclaration est facultative.

Dans le cas de plusieurs déplacements successifs, la déclaration de changement de résidence devient obligatoire au bout de deux mois, comptés à dater du jour de l'absence du domicile ou de la dernière résidence régulièrement constatée.

Au retour d'un voyage effectué soit en France, soit à l'étranger, les hommes doivent faire une déclaration au commandant de la brigade de gendarmerie du lieu où ils viennent se fixer, même lorsque cette localité est leur domicile habituel.

CHAPITRE III

Du Livret individuel.

1. *Livret individuel.* — Le livret individuel est une pièce officielle qui constate que les hommes satisfont ou ont satisfait à leurs obligations militaires et qui renferme les ordres et les renseignements relatifs à ces obligations. Tous les hommes reconnus propres au service ainsi que ceux classés dans les services auxiliaires reçoivent un livret individuel qu'ils doivent conserver soigneusement jusqu'à leur libération définitive, c'est-à-dire pendant vingt ans. Il contient :

1° En haut de la couverture et d'une façon très apparente, l'indication de la classe de mobilisation dont l'homme fait partie et avec laquelle il doit *marcher*, d'après les années de service qu'il a accomplies ;

2° En tête du livret, un résumé des principales obligations militaires imposées aux hommes maintenus ou renvoyés dans leurs foyers;

3° A la page 3, le tableau qui indique l'époque à laquelle l'homme devra passer dans la disponibilité, la réserve de l'armée active, l'armée territoriale et sa réserve, ainsi que la date de libération du titulaire du livret;

Ce tableau, dressé lors de l'établissement du livret, est rempli à l'encre par le commandant de recrutement, qui y appose sa signature et son cachet;

Plusieurs lignes y sont ménagées dans le tracé de l'imprimé, en vue des déductions de service pouvant modifier les dates de passage ;

4° La nomenclature des crimes et délits militaires et peines y attachées

5° Des cases destinées à recevoir les visa de la gendarmerie en cas de changement de domicile ou de résidence.

Ces indications se trouvent dans la partie du livret qui est remise aux hommes lorsqu'ils sont appelés sous les drapeaux. Les autres pièces du livret, qui ne leur sont pas utiles pendant qu'ils sont incorporés, forment un fascicule qui est cousu à la fin du livret, après avoir été complété et remis aux hommes au moment du renvoi dans leurs foyers.

2. *Fascicule.* — Ce fascicule comprend, pour les disponibles réservistes et hommes de l'armée territoriale :

1° Une page d'entête contenant l'avis très important suivant :

Pour les périodes d'instruction, l'homme devra se conformer aux indications portées sur la feuille spéciale aux appels pour les exercices et manœuvres, placée à la fin du fascicule.

En cas de mobilisation, il se conformera aux prescriptions de l'ordre de route du livret.

S'il ne se rend pas à destination au jour fixé, il sera poursuivi et puni suivant la rigueur des lois et règlements.

L'indemnité de route à laquelle il aura droit lui sera payée à son arrivée ;

2° Cinq ordres de route, pour le cas de mobilisation ;

3° Trois récépissés de livret individuel, dont un doit être détaché par un employé de la mairie, ou par le commandant de la gendarmerie, lorsque, exceptionnellement, l'homme est tenu de déposer son livret. Ce récépissé, qui tient alors lieu de livret, renseigne l'homme sur ce qu'il doit faire au moment des appels ou en cas de mobilisation.

Deux feuilles spéciales aux appels pour les exercices ou manœuvres.

Les mêmes indications figurent sur le livret remis aux hommes qui sont renvoyés par anticipation en congé, en attendant leur passage dans la réserve, ces hommes étant entièrement assimilés aux réservistes proprement dits.

Les hommes à la disposition et ceux des services auxiliaires ont des livrets. Il y a exception toutefois pour les hommes en sursis et pour ceux de la plus jeune classe, si elle est encore dans ses foyers, ces hommes devant être appelés pour la première fois par ordres d'appel individuels.

Pour les hommes à la disposition, la feuille spéciale aux appels n'est établie que pour ceux qui font partie de la réserve de l'armée active. On distingue les réservistes de cette catégorie en portant sur la couverture de leurs livrets, entre leurs noms et la désignation du corps, les mots : « Hommes à la disposition, » écrits en bâtarde.

Pour les hommes des services auxiliaires, les fascicules de livrets ne contiennent ni feuille spéciale, ni ordre de route, ces hommes n'étant convoqués, s'il y a lieu, que par ordres individuels. En tête de ces fascicules se trouve un certificat de classement dans les services auxiliaires de l'armée.

3. *Usage de la feuille spéciale aux appels.* — La feuille spéciale indique : 1° la classe de mo-

bilisation avec laquelle l'homme marche pour les convocations du temps de paix; 2° le numéro au répertoire de l'homme; 3° l'unité (corps et bataillon, escadron, batterie ou dépôt) à laquelle l'homme appartient; 4° le lieu où il doit se présenter et l'heure de la journée à laquelle il doit y arriver, cette journée étant elle-même indiquée par les affiches de convocation; 5° enfin, le lieu d'où l'homme est censé partir (domicile légal indiqué sur le feuillet ou résidence déclarée dans les cases du livret affectées aux changements de résidence).

L'heure d'arrivée à destination est réglée d'après les moyens de communication existants. Si l'homme doit prendre le chemin de fer, il présente au guichet sa feuille spéciale, et l'employé, après l'avoir timbrée dans la case de l'aller, délivre à l'homme un billet à tarif réduit. La feuille spéciale sert de même pour obtenir au retour la réduction du tarif.

Lorsqu'il a régulièrement changé de résidence, l'homme convoqué doit toujours rejoindre directement son corps, même lorsque sa feuille spéciale l'invite à passer par un bureau de recrutement.

Cette prescription est inscrité sur la feuille spéciale de tout homme ayant déclaré changer de résidence, ainsi que le lieu où il devra rejoindre son corps. De cette manière, toute difficulté sera évitée pour la délivrance des billets de chemins de fer à prix réduits aux hommes qui se trouveraient dans cette situation.

4. *Usage de l'ordre de route en cas de mobilisation.* — L'homme doit lire attentivement l'ordre de route pour le cas de mobilisation, qui

a été rempli par le commandant du bureau de recrutement et sur lequel se trouvent les indications suivantes :

1° Le corps d'armée et la subdivision de région ainsi que le numéro de l'homme au répertoire du corps ;

2° La mention de la date jusqu'à laquelle l'ordre de route est valable et de la gratuité du transport sur les chemins de fer ou du logement au gîte d'étapes ;

3° L'armée (active ou territoriale), la catégorie des réserves (disponibilité et réserve seulement ou armée territoriale et sa réserve) et la classe de mobilisation auxquelles l'homme appartient ;

4° Le corps, le bataillon et la compagnie, l'escadron ou la batterie auxquels il est affecté ; exemple : Régiment d'infanterie stationné à Orléans, 2ᵉ bataillon, 1ʳᵉ compagnie.

Pour les hommes des régiments d'infanterie, ce corps d'affectation est généralement le régiment d'infanterie dont le dépôt est dans la subdivision de région dans laquelle l'homme est domicilié ;

5° Le point où il doit se rendre comme première destination. C'est généralement le dépôt du corps lui-même pour les hommes affectés aux régiments d'infanterie ; mais, dans certains cas, c'est d'abord un bureau de recrutement ;

6° Le jour de la mobilisation et l'heure auxquels il doit se rendre à cette première destination, sans attendre aucune notification individuelle ; exemple : le troisième jour de la mobilisation avant dix heures du matin au plus tard, c'est-à-dire le 22 mai, si le premier jour de la mobilisation porté sur les affiches est le 20 mai ;

7° L'itinéraire à suivre pour rejoindre, le livret indiquant si l'homme doit ou non se servir du chemin de fer et, s'il doit s'en servir, lui faisant connaître la gare qu'il doit prendre ainsi que le jour et l'heure auxquels il doit s'y rendre ; exemple :

« Il devra se présenter à la gare de N... le deuxième jour de la mobilisation (c'est-à-dire le 21 mai dans le cas précédent) avant 8 heures du soir. »

8° Au verso de l'ordre de route se trouvent indiqués : la manière de compter les jours de la mobilisation ; les recommandations spéciales aux hommes fixés ou voyageant à l'étranger, lesquels doivent toujours rejoindre immédiatement en temps de guerre ; les dispositions pénales concernant les insoumis et, en tête, l'avis très important suivant, qui concerne également les appels du temps de paix.

« Si l'homme qui devait passer par le bureau de recrutement a changé de résidence ou est absent de son domicile, il rejoindra directement son corps, dans la localité indiquée au recto du présent ordre de route. »

5. *Certificat d'identité.* — Le certificat d'identité que doit produire tout militaire qui, au moment de son départ, s'aperçoit qu'il a perdu son livret, sert à constater sa position en arrivant au corps ou au bureau de recrutement ; il doit être établi soit par le maire de la commune avec l'assistance de deux témoins, soit par le commissaire de police et, à défaut, par le commandant de la brigade de gendarmerie ; c'est

donc à l'une de ces autorités qu'il doit être demandé.

6. *Dépôt du livret*. — Du 15 au 30 novembre de chaque année, les réservistes de l'armée de terre et de l'armée de mer qui passent dans l'armée territoriale le 1ᵉʳ juillet suivant doivent déposer leurs livrets à la mairie ou à la gendarmerie de leur résidence ; il leur en est donné récépissé, les livrets n'étant pas rendus aux hommes avant le 1ᵉʳ mars suivant ; ceux qui font des déclarations de changement de domicile pendant cette période sont, à moins de circonstances exceptionnelles, considérés comme étant en résidence ; par suite, leur affectation à un des corps de la subdivision dans laquelle ils viennent se fixer n'a lieu qu'après la remise de leur livret, c'est-à-dire après le 1ᵉʳ mars.

En cas de mobilisation ou d'appel pendant cette même période, ils rejoignent le lieu de réunion indiqué sur le récépissé du livret.

La date du dépôt des livrets des hommes à la disposition et de ceux classés dans les services auxiliaires est fixée à la période qui s'étend du 15 au 30 novembre de l'année qui précède l'année de leur passage dans la réserve de l'armée active, indiqué à la page 8 du livret ancien modèle, et à la page 3 du livret nouveau modèle. En Algérie, le général commandant le 19ᵉ corps fait connaître par des affiches la date du dépôt du livret.

Lorsque le livret est rendu à l'homme, il possède deux ordres de route : le premier, établi au moment de l'envoi dans la disponibilité ou la réserve de l'armée active, continue à être valable jusqu'au 30 juin suivant ; le second est valable à partir du 1er juillet, date du passage dans l'armée territoriale.

Si la mobilisation avait lieu avant le 1er juillet, l'homme *marcherait* comme réserviste et se servirait du premier ordre de route; si elle n'avait lieu qu'après le 1er juillet, il *marcherait* comme territorial et emploierait le second ordre.

7. *Remise des livrets.* — Les livrets sont remis par la gendarmerie; les hommes, en les recevant, sont tenus de signer un procès-verbal de remise qui est déposé aux archives du recrutement.

Si un homme est absent lors du passage de la gendarmerie, il est invité à se rendre à la brigade; faute de se conformer à cet ordre, il est signalé au commandant de recrutement et puni disciplinairement.

Les livrets qui n'ont pas été remis aux intéressés sont déposés à la mairie de leur domicile. C'est donc à la mairie du domicile et non de la résidence que les hommes doivent les réclamer.

Les hommes qui quittent les corps (à l'exception de ceux renvoyés dans leurs foyers par décisions spéciales du Ministre) emportent leur livret individuel muni de tous les renseignements.

8. *Présentation du livret.* — L'homme doit présenter son livret, ou le titre qui en tient lieu, à toute réquisition des autorités civiles, militaires, judiciaires et de la gendarmerie, dans les vingt-quatre heures, en cas d'appel à l'activité ou de convocation pour manœuvres, exercices ou revues, et dans un délai de huit jours dans tout autre cas. Il doit toujours en être porteur

chaque fois qu'il est appelé ou convoqué pour une réunion.

9. *Conservation du livret*. — Le livret doit être conservé avec le plus grand soin ; toute négligence à cet égard est passible de punition. La lacération du livret est une infraction très grave parce qu'elle met l'homme dans l'impossibilité de satisfaire aux obligations que la loi lui impose.

L'homme qui, pour une cause quelconque, n'est pas pourvu de livret doit en faire sans délai la déclaration à la brigade de gendarmerie de sa résidence ; il lui est délivré un nouveau livret qui porte à la première page et en gros caractères le mot : « *Duplicata.* »

L'homme qui n'est pas, au moment de la convocation de sa classe, en possession de son livret ou du récépissé de dépôt doit se rendre immédiatement, muni du certificat d'idendité indiqué plus haut, au bureau de recrutement de la subdivision où il réside ; il est alors dirigé, s'il y a lieu, sur le corps auquel il est affecté.

CHAPITRE IV

Appels et mobilisation.

1. *Des appels*. — Les appels sont ordonnés par le Ministre de la guerre qui en fixe les époques. Les convocations ont lieu par voie d'affiches qui indiquent : les classes appelées, les corps, fractions de corps ou unités qui doivent prendre part aux exercices, la durée des convocations,

les jours où les hommes doivent être rendus à
destination, enfin des prescriptions diverses auxquelles les hommes convoqués ont à se conformer. Il est alors fait uniquement usage de
la feuille spéciale. — Les périodes d'appel, soit
de la réserve active, soit de l'armée territoriale,
ont lieu en principe au printemps et en automne
et dans chacune de ces périodes, en une ou
deux séries, suivant les armes convoquées et
les ressources du casernement.

Les affiches en font mention.

Les indications ci-dessus étant susceptibles
de modifications, les hommes doivent, en lisant
les affiches, s'assurer s'ils font partie des classes
appelées, s'ils sont affectés à un corps, fraction
de corps ou unité qu'elles désignent et comparer
les instructions qu'elles donnent avec les indications portées sur les livrets individuels (sur
la couverture aux pages 3 et 4 et sur la feuille
spéciale).

Les hommes ne doivent jamais s'attendre à
recevoir un ordre d'appel individuel. Ces ordres
ne sont employés qu'exceptionnellement. Toutefois, les secrétaires d'état-major et de recrutement, les ouvriers militaires d'administration,
les infirmiers militaires, les auxiliaires télégra-
phistes de l'armée territoriale, les hommes en
sursis, ceux du train des équipages militaires,
des compagnies d'artillerie et d'artificiers, etc.,
sont convoqués par ordres d'appel individuels
pour accomplir leur période d'exercices ; ces
appels sont échelonnés pendant toute l'année,
suivant les besoins du service. Sont aussi convoqués par ordres d'appel individuels, à leur
rentrée en France, les hommes fixés ou voya-

geant à l'étranger qui, ayant fait les déclarations prévues par la loi, ont été considérés comme en sursis, les hommes de la réserve de l'armée active qui, par suite de sursis obtenus, passent dans l'armée territoriale sans avoir accompli les périodes d'exercices imposées par la loi, ainsi que ceux de l'armée territoriale qui passent dans la réserve de cette armée sans avoir accompli leur période d'exercices.

Tout homme qui se présente au lieu de réunion sans son livret individuel, ou un récépissé de dépôt ou un certificat d'identité, est passible de punition. Il en est de même pour celui qui arrive en retard. Si le retard dépasse les délais légaux, l'homme est poursuivi comme insoumis et traduit devant un conseil de guerre.

Les hommes appelés pour une période d'exercices ont droit à une indemnité de route (kilométrique, journalière ou spéciale) qu'ils touchent sur la présentation de leur livret individuel, en arrivant au corps. Ils ont aussi droit à une indemnité de retour, s'ils ont plus de 24 kilomètres à parcourir. Ceux qui ont changé de domicile ou de résidence, sans faire les déclarations légales, outre les peines auxquelles ils s'exposent, n'ont droit à l'indemnité qu'à partir de leur ancien domicile ou de leur ancienne résidence régulièrement déclarée.

Les hommes qui, pour une période d'exercices, rapportent des effets de linge et chaussure, touchent, s'ils appartiennent à la réserve, une indemnité qui peut s'élever jusqu'à 6 fr. 05 cent. et, s'ils appartiennent à l'armée territoriale, une indemnité fixe de 4 francs pour les hommes à pied et de 5 francs pour les hommes à cheval; de plus, ils évitent ainsi l'emploi de chaussures neuves susceptibles de les blesser. Les réservistes convoqués doivent, avant leur départ, se faire couper les cheveux et la barbe à l'ordonnance. Les hommes de l'armée territoriale sont autorisés à porter la barbe.

Quand les hommes quittent les corps, ils emportent des effets d'uniforme qu'ils sont tenus de conserver et d'entretenir soigneusement, jusqu'à ce qu'ils soient versés dans l'armée territoriale; ils arrivent au corps, revêtus de ces effets pour les périodes d'instruction. En dehors des convocations, il leur est interdit d'en faire usage; ceux qui ne se conforment pas à cette prescription sont passibles de quatre jours de prison.

Les hommes punis de prison pendant les périodes d'exercices subissent leur punition après ladite période, c'est-à-dire qu'ils sont maintenus après le départ de leurs camarades, un nombre de jours égal à celui des jours de prison qu'ils ont à subir.

2. *Malades.* — Les hommes malades au moment d'une convocation pour exercices doivent en informer sans délai le chef de la brigade de gendarmerie dans le ressort de laquelle ils sont domiciliés ou en résidence et lui adresser un certificat médical délivré, soit par un médecin militaire, soit par un médecin civil; dans ce dernier cas, le certificat est visé par le maire de la commune et mentionne l'impossibilité où se sont trouvés les hommes de se faire visiter par un médecin militaire.

Toutefois, les militaires qui peuvent se déplacer doivent se présenter devant la commission de réforme ou tout au moins au médecin chargé du service de recrutement ; s'ils ne sont pas réformés, ils sont considérés comme ajournés, reçoivent un titre spécial et accomplissent, l'année suivante, la période d'exercices pour laquelle ils étaient convoqués.

3. *Dispenses.* — Les dispenses des périodes d'instruction ne sont accordées qu'aux membres des familles nécessiteuses dont les moyens d'existence seraient compromis par l'absence de l'homme appelé.

La demande est remise au commandant de la brigade de gendarmerie ; il y est joint un certificat dit n⁰ 5 *bis* délivré par le maire de la commune ; ce magistrat émet son avis ; le certificat n⁰ 5 *bis* est signé par trois hommes faisant partie de la classe appelée pour la période d'instruction ou, à défaut, appartenant à la réserve de l'armée active ou à l'armée territoriale. Ce certificat indique les contributions payées par le postulant, par ses ascendants, par sa femme, s'il est marié. Il est certifié exact nominativement pour chaque contribuable, par le percepteur, ou accompagné d'un relevé des contributions payées par chacune des personnes ci-dessus désignées.

L'homme qui a obtenu une dispense n'est pas tenu, l'année suivante, de faire la période d'exercices pour laquelle il avait été convoqué, mais cette dispense n'a d'effet que pour une convocation.

Les dispensés reçoivent un titre spécial.

4. *Sursis, devancement d'appel.* — *Autorisation d'accomplir la période d'instruction dans un corps de la région où l'homme est en résidence.* — Les hommes placés dans une si-

tuation digne d'intérêt et qui allèguent des motifs sérieux tels que des circonstances particulières venant entraver la direction d'une maison de commerce, d'une usine, la mort d'un parent, etc., peuvent obtenir des sursis ou être autorisés à devancer l'appel. Leur demande motivée et légalisée par le maire de leur commune est remise au commandant de la brigade de gendarmerie de leur résidence.

Enfin, les hommes en résidence loin de leur domicile peuvent quelquefois obtenir de l'autorité militaire l'autorisation de faire leur période d'instruction dans un autre corps de la même arme de la région où ils sont en résidence régulière. Toutefois, cette autorisation ne peut être accordée aux hommes affectés à des corps de troupe désignés pour faire les manœuvres.

Les hommes qui n'ont pas reçu, quarante-huit heures avant le moment du départ, réponse à une demande de dispense, de sursis, etc., doivent prendre leurs dispositions pour rejoindre leur corps.

5. *Hommes en témoignage.* — En temps de paix, les hommes qui auraient reçu, pour le jour de la convocation, une assignation en qualité de témoins, peuvent obtenir un sursis sur la production d'une copie de leur assignation certifiée conforme par le maire.

Il en est de même pour ceux qui font partie du jury d'une cour d'assises.

6. *Renvoi des hommes.* — Les hommes sont renvoyés dans leurs foyers après chaque période d'exercices (à l'exception des malades et punis, qui ne partent qu'après leur guérison ou leur punition terminée); il ont droit au prix ré-

duit sur les chemins de fer et font usage de leur feuille spéciale ; mais ceux qui, par convenance personnelle, négligeraient de se mettre en route immédiatement à la fin des exercices, perdraient leurs droits au transport à prix réduit.

7. *Mobilisation*. — La mobilisation est le passage du pied de paix au pied de guerre ; elle peut être partielle ou générale ; elle est partielle lorsqu'il n'y a qu'un ou plusieurs corps d'armée de mobilisés, elle est générale lorsque tous les corps d'armée sont mobilisés à la fois. Dans l'un et l'autre cas, elle est annoncée par voie d'affiches et de publications et portée à la connaissance de tous, soit à son de caisse, soit à son de cloches. Les affiches désignent les catégories et les classes qui sont mobilisées et indiquent le jour et l'heure auxquels doit commencer la mobilisation. Les jours se comptent de minuit à minuit ; ils ne sont pas désignés par le quantième du mois, mais par les expressions de : 1er, 2e, 3e, 4e, 5e, 6e, 7e, 8e, 9e jour de la mobilisation. Si, par exemple, le premier jour de la mobilisation commence le 15 avril 1884, l'homme qui doit se rendre le cinquième jour au lieu indiqué par son ordre de route devra compter : 1er jour, 15 avril ; 2e jour, 16 avril ; 3e jour, 17 avril ; 4e jour, 18 avril ; 5e jour, 19 ; il devra donc arriver le 19 avril 1884 au point de réunion et se rendre immédiatement à la caserne où se trouve logé le corps auquel il est affecté.

Pour les hommes qui ont des jours spéciaux de mobilisation, tels que les hommes dits à la disposition, ceux de la réserve de l'armée territoriale, le décompte s'opère dans les mêmes formes, mais en prenant pour base de départ le jour de mobilisation indiqué par les affiches spéciales.

Si une ou plusieurs classes de la réserve de l'armée territoriale sont mobilisées en même temps que la réserve de l'armée active et l'armée territoriale, les affiches de mobilisation en font mention. Les autres classes sont ensuite appelées par voie d'affiches spéciales au fur et à mesure des besoins du service en commençant par les classes les plus jeunes.

Les hommes dits à la disposition de l'autorité militaire et ceux classés dans les services auxiliaires font l'objet d'une mobilisation spéciale ; ils ne doivent point faire usage des chemins de fer ; l'emploi des chemins de fer est aussi interdit aux hommes de l'armée territoriale qui doivent rejoindre, par les voies ordinaires, les points de réunion indiqués sur leur ordre de route.

Les réservistes et les hommes de la disponibilité, dont les livrets font mention qu'ils peuvent faire usage des voies ferrées, sont seuls admis en chemin de fer ; leur transport s'effectue gratuitement à la condition qu'ils présentent au receveur de la gare qui leur est assignée comme point d'embarquement l'ordre de route annexé à leur livret individuel.

En temps de guerre, le fonctionnement normal des chemins de fer étant suspendu, c'est-à-dire qu'aucun voyageur n'étant admis sur certaines lignes, les hommes ont un intérêt majeur à se conformer scrupuleusement à l'itinéraire fixé par leur ordre de route.

En effet, ceux qui, *pour réparer le temps perdu,* voudraient prendre le chemin de fer à leurs frais, pourraient être transportés a de grandes distances de leur lieu d'arrivée, ne plus trouver de *correspondance*, se placer ainsi dans l'impossibilité de rejoindre et devenir passibles des peines sévères édictées contre l'insoumission *en cas de guerre*.

Ceux qui, absents de leur domicile, n'auraient point fait de déclarations réglementaires ainsi que les hommes de l'armée territoriale qui auraient une distance trop grande à parcourir pour se rendre en temps utile par les voies ordinaires au lieu de réunion, devront se présenter sans délai au bureau de recrutement de leur résidence. Ils seront, s'il y a lieu, dirigés sur leurs corps respectifs par les voies ferrées.

8. *Ordre individuel pour un service spécial.* — Des hommes appartenant aux diverses catégories de l'armée peuvent être requis dès le début de la mobilisation pour remplir des services spéciaux, tels que celui de conducteur de chevaux de réquisition ; ils reçoivent alors, dès le premier jour de la mobilisation, par les soins du maire de la commune, un ordre d'appel individuel auquel ils doivent avant tout obéir, sans tenir compte de celui annexé à leurs livrets individuels.

Ces hommes emploient le chemin de fer s'ils ont plus d'une journée de marche à parcourir ; d'ailleurs, dans ce cas, l'ordre de route fait mention du droit à ce mode de transport ; ils sont ensuite, suivant le cas, dirigés sur leur corps par les soins de l'autorité militaire.

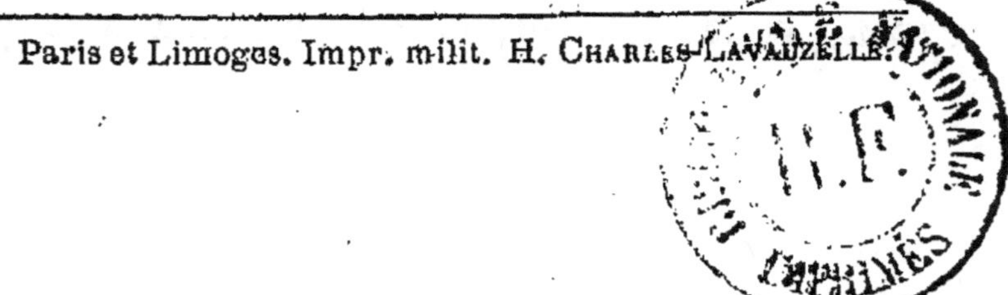

Paris et Limoges. Impr. milit. H. CHARLES-LAVAUZELLE.